L b 56
1506

PUBLICATION DE **LA RIVE GAUCHE.**

LES

# PROPOS DE LABIENUS

PAR

 A. ROGEARD

Prix : 50 centimes.

PARIS
CHEZ TOUS LES LIBRAIRES
9 MARS 1665

# LES
# PROPOS DE LABIÉNUS [1].

Ceci se passait l'an VII après J.-C., la trente-huitième année du règne d'Auguste, sept ans avant sa mort; on était en plein principat, le peuple-roi avait un maître. Lentement sorti de cette vapeur de sang qui avait empourpré son aurore, l'astre des Jules montait et versait une douce lumière sur le forum silencieux. C'était un beau moment ! La curie était muette et les lois se taisaient; plus de comices curiates ou centuriates, plus de *rogations*, plus de *provocations*, plus de *sécessions*, plus de *plébiscites*, plus d'*élections*, plus de désordre, plus d'armée de la république, *nulla publica arma*, partout la paix romaine, conquise sur les Romains; un seul tribun, Auguste; une seule armée, l'armée d'Auguste; une seule volonté, la sienne; un seul consul, lui; un seul censeur, lui encore; un seul préteur, lui, toujours lui. L'élo-

[1] La première partie de ce travail a déjà paru dans le numéro de la *Rive gauche* du dimanche 26 février 1865.

quence proscrite allait mourir dans l'ombre des écoles; la littérature expirait sous la protection de Mécène; Tite-Live cessait d'écrire; Labéon, de parler; la lecture de Cicéron était défendue; la société était sauvée. Pour de la gloire, on en avait sans doute, comme il convient à un empire qui se respecte; on avait ferraillé un peu partout; on avait battu les gens, au nord, au sud, à droite, à gauche, suffisamment; on avait des noms à mettre au coin des rues et sur les arcs de triomphe; on avait des peuples vaincus à enchaîner en bas-reliefs; on avait les Dalmates, on avait les Cantabres, et les Aquitains, et les Pannoniens; on avait les Illyriens, les Rhétiens, les Vindéliciens, les Salasses et les Daces; et les Ubiens, et les Sicambres, et les Parthes, rêve de César, sans compter les Romains des guerres civiles, dont Auguste eut l'audace de triompher contre la coutume, mais à cheval seulement, par modestie. Il y eut même une de ces guerres où l'empereur commanda et fut blessé en personne; ce qui est le comble de la gloire pour une grande nation.

Cependant les sesterses pleuvaient sur la plèbe; le prince multipliait les distributions; on eût dit que cela ne lui coûtait rien; il distribuait, distribuait, distribuait; il était si bon, qu'il donnait même aux petits enfants au-dessous de onze ans, contrairement à la loi. Il est beau de violer la loi, quand on est meilleur qu'elle.

Pour les spectacles, c'était le bon temps qui commençait. On n'avait que l'embarras du choix : jeux du théâtre, jeux de gladiateurs, jeux du forum, jeux de l'amphithéâtre, jeux du cirque, jeux des comices, jeux nautiques et jeux troyens, sans compter les courses, les chasses et les luttes d'athlètes, et sans préjudice des exhibitions de rhinocéros, de tigres et de serpents de cinquante coudées. Jamais le peuple romain ne s'était tant amusé. Ajoutez que le prince passait fréquemment la revue des chevaliers et qu'il aimait à renouveler souvent la cérémonie du défilé ; spectacle majestueux, sinon varié, et qu'il serait injuste d'omettre dans l'énumération des plaisirs qu'il prodiguait aux maîtres du monde. Quant à lui, ses plaisirs étaient simples, et, si ce n'est qu'il donna peut-être trop souvent la place légitime de Scribonie ou de Livie, soit à Drusilla, soit à Tertulla, soit à Térentilla, soit à Rufilla, soit à Salvia Titiscénia, soit à d'autres, et qu'il eut le mauvais goût, en pleine famine, de banqueter trop joyeusement, déguisé en dieu, avec onze compères, déifiés comme lui, et qu'il aima un peu trop passionnément les beaux meubles et les beaux vases de Corinthe, au point quelquefois de tuer le maître pour avoir le vase, et qu'il fut joueur comme les dés, et qu'il fut toujours un peu enclin au vice de son oncle, et que, dans sa vieillesse, son goût étant devenu plus délicat, il ne voulait plus admettre à l'honneur de son intimité que des vierges, et que le soin de lui amener lesdites vierges était confié par lui à sa femme Livie, qui, du reste, s'acquittait avec un grand zèle de ce petit emploi ; si ce n'est cela et quelques menus suffrages, qui ne valent pas même la peine d'être mentionnés, Suétone assure que, en tout le reste, sa vie fut très-réglée et à l'abri de tout reproche. Donc c'était une heureuse époque que cette ère julienne, c'était un grand siècle que le siècle d'Auguste, et ce n'est pas sans raison que Virgile, un peu exproprié d'abord, indemnisé ensuite, s'écrie que c'est le règne de Saturne qui revient.

Il y avait bien, çà et là, quelque ombre au tableau ; il y avait eu une dizaine de complots, autant de séditions, et cela gâte un règne ; c'étaient les républicains qui revenaient. On en avait tué le plus qu'on avait pu, à Pharsale, à Thapsus, à Munda, à Philippes, à Actium, à Alexandrie, en Sicile ; car la liberté romaine avait la vie dure ; il n'avait pas fallu moins de sept tueries en masse, sept égorgements, pour la mettre hors de combat ; les légions semblaient sortir de terre suivant le vœu de Pompée ; on avait donc tué consciencieusement ces républicains toujours renaissants ; mais combien ? Trois cent mille, peut-être, tout au plus ; c'était bien, ce n'était pas assez ; il y en avait encore. De là quelques petites contrariétés dans la vie du grand homme. Au sénat, il lui fallait porter une cuirasse et une épée sous sa robe, ce qui est gênant, surtout dans les pays chauds ; et se faire entourer de dix robustes gaillards, qu'il appelait ses amis, et qui n'en étaient pas moins pour lui une compagnie fâcheuse.

Il y avait aussi ces trois cohortes qui traînaient derrière lui leur ferraille, dans cette même ville où, soixante ans auparavant, il n'était pas permis d'entrer avec un petit couteau ; cela pouvait faire naître quelques doutes sur la popularité du Père de la patrie. Il y avait ensuite Agrippa qui démolissait trop ; mais il fallait bien faire un tombeau de marbre pour ce grand peuple qui voulait mourir. Il y avait encore le préfet de Lyon, Licinius, qui pressurait trop sa province ; il ne savait pas tondre la bête sans la faire crier ; c'était un administrateur ignorant et grossier, qui se contentait de prendre l'argent où il était, c'est-à-dire dans les poches, procédant sans façon, manquant de génie dans l'exécution ; c'est lui qui imagina d'ajouter deux mois au calendrier, pour faire payer, deux fois de plus, par an, l'impôt mensuel à sa bonne ville. Du reste, il faut reconnaître qu'il partageait équitablement avec son maître le produit de son administration.

Les bonnes gens de Lyon, ne sachant comment s'arracher cette sangsue de la peau, eurent la simplicité de demander à César le rappel de leur préfet, qui fut maintenu.

Il y avait encore certaine expédition lointaine dont on n'avait pas lieu d'être absolument fier ; le malheureux Varus avait été bêtement se faire écraser avec trois légions, là-bas, là-bas, par-delà le Rhin, au fond de la forêt Hercynienne.

Cela fit mauvais effet. La guerre est comme toutes les bonnes choses, il ne faut pas en abuser. Elle a le mérite d'être un spectacle absorbant, la plus puissante des diversions, je le veux bien, mais c'est une ressource qu'il faut ménager ; il ne faut pas jouer trop facilement ce jeu insolent et terrible, qui peut tourner contre celui qui le joue ; et quand on est un sauveur, il ne convient pas d'envoyer trop légèrement à la boucherie les gens qu'on a sauvés ; voilà ce qu'on pouvait dire ; mais qui donc y pensait? à peine vingt mille mères, et qu'est-ce que cela, dans un grand empire? On sait bien que la gloire ne donne pas ses faveurs, et Rome était assez riche de sang et d'argent pour les payer. Auguste en fut quitte pour se cogner tout doucement la tête contre les portes, et pour faire une prosopopée qui, du reste, est devenue classique.

Il y avait enfin Lollius qui avait perdu une aigle ; on pouvait s'en passer ; et, quant aux finances, une ère nouvelle venait de s'ouvrir, la grande administration était inventée, le monde allait être administré. Le monstre-empire a cent millions de mains et un ventre, l'unité est fondée! Je travaillerai avec vos mains et vous digérerez avec mon estomac, voilà qui est clair, et Ménénius avait raison, et je n'ai que faire de l'avis du paysan du Danube.

Si ce système entraînait quelques abus, s'il y avait de temps en temps quelque famine, ce n'était là qu'un nuage dans le rayonnement de la joie universelle, une note discordante qui se perdait dans le concert de la reconnaissance publique, et tous ces petits malheurs, qui d'aventure, ridaient la surface de l'empire, n'étaient à vrai dire que d'heureux contrastes, et de piquantes diversions ménagées à un peuple heureux par sa bonne fortune, pour le reposer de son bonheur et lui donner le temps de respirer ; c'était comme l'assaisonnement du régal, juste assez pour rompre la monotonie du succès, tempérer l'allégresse et prévenir la satiété. On étouffait de prospérité ; il y a des bienfaits qui accablent et des bonheurs qui font mourir.

Qui donc, en cet âge d'or, qui donc pouvait se plaindre ? Tacite dit que, sept ans plus tard, à la mort d'Auguste, il ne restait que peu de citoyens qui eussent vu la république ; il en restait encore moins de ceux qui l'avaient servie ; ils avaient été emportés par les guerres civiles, ou par les proscriptions, ou par les exécutions sommaires, ou par l'assassinat, ou par la prison, ou par l'exil, ou par la misère, ou par le désespoir ; le temps avait fait le reste ; il restait quelques esprits chagrins, quelques vieillards moroses, et quant à ceux qui étaient venus au monde depuis Actium, ils étaient tous nés avec une image de l'empereur dans l'œil, et s'ils n'en voyaient pas plus clair, on avait lieu d'espérer du moins qu'ils seraient disposés à trouver belle la nouvelle face des choses, et même la plus belle de toutes, n'en ayant jamais vu d'autre. Donc la tourbe de Rémus était contente, et tout était au mieux, dans le meilleur des empires.

En ce temps-là vivait Labiénus. Connaissez-vous Labiénus ? C'était un homme étrange et d'humeur singulière. Figurez-vous qu'il s'obstinait à rester citoyen dans une ville où il n'y avait plus que des sujets. Comprend-on cela ? *Civis romanus sum*, disait-il ; impossible de le faire sortir de là. Il voulait, comme Cicéron, mourir libre dans sa patrie libre ; imagine-t-on pareille extravagance ? citoyen et libre, l'insensé ! Sans doute il disait cela, comme plus tard Polyeucte disait : Je suis chrétien ! sans trop savoir ce qu'il disait. Le vrai, c'est que sa pauvre tête était malade ; il était atteint d'une dangereuse affection du cerveau ; du moins c'était l'avis du médecin d'Auguste, le célèbre Artorius, qui appelait ce genre de folie : une monomanie raisonneuse, et qui avait ordonné de traiter le malade par la prison. Labiénus n'avait pas suivi l'ordonnance; aussi n'était-il pas guéri, comme vous allez voir, quand je vous l'aurai fait mieux connaître.

Titius Labiénus portait un nom honoré déjà deux fois par de bons citoyens. Le premier Labiénus, lieutenant de César, l'avait quitté, lors du passage du Rubicon, pour ne pas être complice de son attentat; le second avait mieux aimé servir les Parthes que les triumvirs; notre héros était le troisième. Une ligne de Sénèque le rhéteur suffit déjà pour nous faire entrevoir cette grande figure, car nous y trouvons cette fière parole de Labiénus : *Je sais que ce que j'écris ne peut être lu qu'après ma mort.* Orateur et historien de premier ordre, parvenu à la gloire à travers mille obstacles, on disait de lui qu'il avait *arraché* plutôt qu'*obtenu* l'admiration. Il écrivait alors une histoire dont il lisait parfois, portes closes, quelques pages à des amis sûrs. C'est à propos de cette histoire que la condamnation des livres au feu fut appliquée pour la première fois, sur la motion d'un sénateur qui fut lui-même frappé, quelque temps après, de la peine qu'il avait inventée; et Labiénus eut ainsi, le premier à Rome, l'honneur, devenu commun plus tard, d'un sénatus-consulte incendiaire. C'est ce que M. Egger appelle judicieusement « les difficultés nouvelles que le régime impérial fit naître pour l'histoire (1). » Le pauvre historien brûlé, ne pouvant survivre à son œuvre, alla s'enfermer dans le tombeau de ses ancêtres, pour n'en plus sortir. Il croyait son œuvre anéantie, elle ne l'était pas. Cassius la savait par cœur, et Cassius, protégé par l'exil, était, comme il disait lui-même, une édition vivante du livre de son ami, une édition qu'on ne brûlerait pas. Sans doute la mort de Labiénus fut aussi folle que sa vie; un livre brûlé, la belle affaire ! est-ce qu'on se tue pour cela? Le sénat ne voulait pas la mort du coupable, il ne voulait que lui donner un avertissement; il fallait en pro-

(1) Examens critiques, p. 92.

fiter ; mais cet homme prenait tout à rebours, et entendait toujours de travers, quand il entendait. Il était bien digne de figurer dans ce long défilé de suicides stoïciens qui venait de commencer, et parmi tous ces héroïques niais, tous ces opposants systématiques et absolus, enragés et absurdes, qui faisaient de leur mort même un dernier acte d'opposition, et s'imaginaient, en s'ouvrant les veines, faire un bon tour à l'empereur. Aucuns même se tuaient uniquement pour faire enrager le prince, qui en riait avec ses affranchis, et n'en était que plus persuadé de l'excellence de sa politique, en voyant que sa besogne se faisait toute seule. Labiénus était de ceux-là ; vous voyez bien que c'était un imbécile ; tel est l'homme dont nous voulons vous redire les propos, et vous verrez que dans ses propos, comme dans sa vie et dans sa mort, il fut toujours le même, c'est-à-dire un incorrigible. C'était un homme du vieux parti, puisque la liberté était passée ; un réactionnaire, puisque la république était une chose du temps jadis ; un ci-devant de l'ancien régime, puisque le gouvernement des lois était le régime d'autrefois ; en un mot, c'était une ganache.

Il était de ces méchants qui doivent trembler sous un gouvernement fort, pour que les bons se rassurent, et que la société, ébranlée jusque dans ses fondements, puisse se rasseoir sur ses bases. Ce n'est pas tout, Labiénus était ingrat : en plein césarisme, en pleine gloire, au milieu de cette surabondance de félicité publique et de cette fête immense du genre humain, il méconnaissait les bienfaits que répandait à pleines mains le second fondateur de Rome, le pacificateur du monde ; il avait à la fois les passions aveugles et les passions ennemies qui font les hommes dangereux et les citoyens funestes. Mais vous ne le connaissez pas encore. Sa passion manquant d'air et d'espace, dans l'étouffement du principat, ne pouvant plus ni parler, ni écrire, ni agir, ni se mouvoir, il passait des heures entières, sur le pont Sublicius, à voir couler le Tibre, immobile et muet, mais le regard furieux, le geste menaçant, la poitrine gonflée de l'esprit des anciens jours, comme une statue de Mars vengeur, comme un tribun pétrifié. Il est doux de dormir, disait Michel-Ange, ou d'être de pierre, tant que durent la misère et la honte. Labiénus ne dormait pas, mais il était de pierre, plus dur que le roc du Capitole (*immobile saxum*). La tyrannie n'avait pas prise sur lui, et l'empire n'y pouvait mordre; c'était un Romain de la vieille roche, que rien ne pouvait entamer. Seul, debout, comme Coclès, entre une armée et un précipice, il défiait l'une et l'autre : il défiait Auguste et souriait à la mort. Dans tout cela, il y avait du bon, si vous voulez; mais à côté, quel caractère détestable et quel esprit mal fait! Octave avait eu beau frapper une superbe médaille, avec les trois mains entrelacées des triumvirs, et cette sublime légende : *Le salut du genre humain*, cela encore lui déplaisait; il prétendait qu'on l'avait sauvé malgré lui, et il citait le vers d'Horace :

> Quand d'être ainsi sauvé je n'ai pas le dessein,
> Au diable le sauveur, qui n'est qu'un assassin!

Le vieux Labiénus était de ceux qui avaient vu la République; ce n'était pas sa faute; mais il avait la sottise de s'en souvenir, là était le mal. Il voyait maintenant un grand règne, et il n'était pas content. Il y a des gens qui ne le sont jamais. Il se croyait toujours au lendemain de Pharsale; quarante ans de gloire lui crevaient les yeux, sans les ouvrir; il avait l'air d'un homme qui fait un mauvais rêve, et la réalité pour lui n'était qu'une infernale vision. Il avait des étonnements naïfs; il ne voulait pas croire que c'était arrivé. Épiménide (qui dormit cent ans), quand il se réveilla, était moins étonné. Triste dans la joie universelle, sombre au milieu de l'orgie romaine, comme les deux philosophes du tableau de Couture, il était là et semblait vivre ailleurs ; c'était un spectre dans une fête ; vous eussiez dit un mort échappé des tombeaux de Philippes, une ombre curieuse qui vient voir. Quelquefois un ami le plaignait ; lui, plaignait son ami. Le plus souvent, tout seul, il grondait dans son coin ; il regardait passer l'empire. Il n'était guère possible de faire entendre raison à un pareil homme : il était d'un autre âge, exilé dans l'âge nouveau ; il avait la nostalgie du passé ; il n'avait rien appris, ni rien oublié ; il ne comprenait rien à l'époque présente ; il avait tous les préjugés de Brutus ; il était infecté d'opinions grecques qui n'étaient plus de mise à Rome depuis longtemps. Il avait l'air vieux comme les Douze Tables ; il pensait encore comme on pensait du temps de Fabricius ou des Camilles chevelus. Et puis des idées fantasques et d'incroyables manies ; surtout un goût bizarre, inexplicable, étrange : il aimait la liberté ! Évidemment T. Labiénus n'avait pas le sens commun. Aimer la liberté ! Comprenez-vous cela ! C'était une opinion rétrograde, puisque la liberté était la chose ancienne ; les hommes nouveaux aimaient le régime nouveau. Il n'avait pas le sentiment des nuances, ni la notion du temps, ni l'intelligence des transitions.

Le temps avait marché, les idées aussi ; lui, restait planté là comme un terme ; il croyait encore à la justice, aux lois, à la science et à la conscience ; évidemment il radotait. Il parlait du parti des honnêtes gens, comme Cicéron ; il parlait de Sénat, de tribuns, de comices, et ne voyait pas que tout cela était fondu comme neige dans le cloaque immense, et qu'il était presque seul sur le bord. Il comptait encore les années par les consuls, car Auguste avait laissé le nom pour faire croire à la chose, et lui espérait ressusciter la chose en conservant le nom. Il préparait des discours au peuple, comme s'il y avait un peuple ; il invoquait les lois, comme s'il y avait des lois ; le principat n'était pour lui qu'une parenthèse de l'histoire, une page honteuse des annales romaines ; il avait hâte de tourner la page ou de la déchirer ; il disait toujours que cela allait finir, et il le croyait ; les gens le croyaient fou, et il l'était, comme vous voyez. Au demeurant, bon homme ; entêté plutôt que méchant ; incapable de tuer un poulet, et de souhaiter le moindre mal à un homme, si ce n'est à Auguste, et encore. Il était si doux, qu'il était d'avis de ne l'envoyer qu'au bagne, tourner la meule, contrairement à l'opinion plus commune de ceux qui voulaient le mettre en croix. Il pensait d'ailleurs, avec les stoïciens, que le châtiment est un bien pour le coupable ; il est donc vrai de dire qu'il souhaitait à Auguste le seul bonheur qui pût lui arriver : l'expiation.

Un jour qu'il se promenait sous le portique d'Agrippa, il rencontra Gallion. Junius Gallion était un jeune sage, comme Labiénus était un vieux fou. C'était un jeune homme sérieux et doux, instruit et élégant, poli, circonspect et prudent, un stoïcien modéré ; espagnol et romain, citoyen et sujet, homme de deux époques et de deux pays, sang mêlé, opinion croisée, un peu ceci et un peu cela ; tournant parfois, comme Horace, ses regards attendris sur le tombeau de la liberté, et les reportant, non moins attendris, sur le berceau de l'empire ; donnant une larme à Caton, un sourire à César ; caractère bienveillant, aimant un peu tout le monde, même Labiénus. Il était frère de Sénèque, qui n'osa pas vivre, et oncle de Lucain, qui ne sut pas mourir : on n'avait plus que des moitiés d'héroïsme et des tronçons de grandeur ; peuple en ruines, avant ses temples ; çà et là encore quelques demi-Romains. Gallion faisait des vers pour le favori de Mécène ; les critiques l'appellent l'ingénieux Gallion. Enfin, il avait de l'esprit, car il fut proconsul. C'est de lui qu'on a nommé *gallionistes* les indifférents en matière religieuse ; il aurait pu être un peu patron, du même genre, en matière politique. C'est ce que lui reprochait Labiénus. Et je crois que le sombre promeneur allait passer sans se soucier de le reconnaître ; car Labiénus n'était pas aimable ; il n'était guère plus affable que ces fameux sénateurs qui, fièrement assis au milieu du forum, reçurent un jour si froidement les Gaulois. Aussi Gallion ne se serait pas hasardé à lui caresser la barbe ; mais le jeune homme était si content, si ému, avait si grand besoin de trouver quelqu'un à qui dire la grande nouvelle qu'il venait d'apprendre, il était si curieux d'en voir l'effet sur Labiénus, qu'il l'aborda : Bonjour, *Titus ! quid agis, dulcissime, rerum?* comment te portes-tu ? — Mal, si l'empire se porte bien.

— C'est bon, on sait bien que tu es toujours de mauvaise humeur ; mais j'ai une nouvelle à t'apprendre. — Il n'y a pas de nouvelle pour moi, tant qu'Auguste règne encore. — Allons, je sais que tu es en colère depuis trente ans, et que tu n'as pas ri une fois depuis le triumvirat ; mais voici ma nouvelle : les *Mémoires* d'Auguste viennent de paraître. — Et depuis quand les brigands font-ils des livres ? — Depuis que les honnêtes gens font des empereurs. — Hélas ! — Ainsi, mon cher Titus, tu ne liras pas ces *Mémoires?* — Je les lirai, Gallion, je les lirai, en pleurant de honte. — Et tu vas y répondre, les critiquer, faire un anti-César, comme César a fait un anti-Caton ? — Non, Gallion, je ne veux rien publier sur ce sujet, je ne discute pas avec celui qui a trente légions ; dans un pays qui n'est pas libre, on doit s'interdire de toucher à l'histoire contemporaine, et la critique, en pareille matière, est impossible. — Tu ne veux pas éclairer le public ? — Je ne veux pas contribuer à le tromper, car, par le temps qui court, sur de tels sujets, rien de ce qui paraît ne peut être bon, rien de ce qui est bon ne peut paraître. Je continuerai mon histoire secrète, dont j'enverrai les feuillets à Sévérus, en lieu sûr ; je sauverai la vérité, en l'exilant. — Mais on assure que la critique sera libre ; la tyrannie donnera huit jours de congé à la littérature. — Ils ne pourront donner qu'une fausse liberté, une liberté de décembre, c'est-à-dire une liberté de carnaval, *libertas decembris*, comme dit Horace ; je ne veux pas en user. Je ne veux pas, en écrivant contre le *livre*, me trouver placé entre la vengeance d'Octave et la clémence d'Auguste, sans avoir même le choix. Je ne veux pas, comme Cinna, donner au drôle l'occasion de faire le magnanime, et être exécuté par une grâce. Quant à louer le livre, je ne le puis que s'il est bon, auquel cas, je craindrais d'être confondu avec ceux qui le louent pour d'autres motifs. Il m'est donc aussi impossible de louer que de blâmer. Et d'ailleurs, le livre n'est pas bon et ne pouvait pas l'être. Quand un homme est assez coupable pour se faire roi, et assez sot pour se faire dieu, je pense qu'il ne saurait avoir toutes les qualités requises pour écrire l'histoire. Vous êtes sûr déjà qu'il n'a ni bon sens, ni bonne foi; alors qu'est-ce qui lui reste ? Il ne peut ni savoir la vérité, ni la dire, s'il la savait; alors de quoi se mêle ce porte-sceptre? Et pourquoi s'avise-t-il d'écrire? Un roi-historien doit commencer par abdiquer. Il ne l'a pas fait; mauvais signe ! Et puis, j'en ai lu des passages. Il justifie les proscriptions et fait l'apologie de l'usurpation. Cela devait être. Et tu veux, Gallion, que je fasse la critique de cette œuvre d'ignorance et de mensonge, revêtue de l'approbation de deux mille centurions, et recommandée au lecteur par les vétérans. La critique ! c'est le siége, que tu devais dire. Et tu ne vois pas, mon bon petit Gallion, que c'est là un des meilleurs tours que le fils du banquier ait joués aux fils de la louve, qui, hélas ! ne savent plus mordre, comme leur aïeule. Ah !

Gallion, nous sommes dégénérés, nous sommes des Romains de décadence, tombés de César dans Auguste, et de Charybde dans Scylla; de la force dans la ruse, et de l'oncle dans le neveu! Pouah! Non, je ne veux pas tomber dans ce guet-apens littéraire, ni donner dans le panneau, ni surtout y faire tomber les autres; non je n'écrirai pas sur les *Mémoires* d'Auguste. Le silence du peuple est la leçon des rois. Labiénus la donnera à Auguste.

Sois tranquille, d'ailleurs; si tu veux de la critique sur ce petit morceau de littérature impériale, si tu veux de fines appréciations, on t'en donnera; si tu veux de savantes dissertations, il en pleuvra; si tu veux d'ingénieuses et piquantes observations, des aperçus pleins de nouveauté, des discussions élégantes et courtoises, soutenues d'un ton exquis par des gens du meilleur monde, tu en auras; si tu veux de la controverse à genoux et de la rhétorique à plat-ventre, et des épigrammes à surprise, dont la pointe chatouille au lieu de piquer, et des morsures qui sont des caresses, et des reproches sanglants qui font plaisir, et d'adorables gentillesses adroitement glissées sous l'apparence d'un jugement sévère, et de jolis petits mots tout aimables, délicatement enveloppés dans les plis d'une phrase féroce et rébarbative, et des bouquets de fleurs de latinité, et des flots d'éloquence melliflue, et des arguments offerts sur des coussins de velours, et des objections présentées sur un plateau d'argent, comme une lettre par un domestique; rien de tout cela ne te manquera, mon cher Gallion; nous allons voir danser le chœur des Muses d'État, et c'est Mécène qui conduira le ballet. Les chastes sœurs ont quitté le Pinde pour le mont Palatin, et Apollon s'est mis dans la police. Donc Auguste est assuré d'avoir un public, des lecteurs, des juges, des critiques, des copistes et des commentateurs; il se trouvera des gens pour cette besogne. Qui a fait des Virgiles, peut faire des Aristarques ; il lui en faut, il en aura !

Déjà toute la littérature est en liesse : Varius pleure de joie ; Flavus trépigne de tendresse ; Rabirius prépare ses tablettes ; Hatérius fera une lecture, et Tarpa une déclamation ; Pompéius Macer déclare que c'est un beau jour pour la morale, et commande trois exemplaires de luxe, pour les trois bibliothèques publiques qu'il vient d'organiser ; Fenestella va ajouter un volume à son Histoire littéraire ; Métellus, qui fait si bien les discours du prince, comptera les beautés oratoires de son livre ; et Verrius, le grammairien, les beautés grammaticales ; Marathus, l'historiographe, donnera une analyse dans le journal de la cour ; et Athénodore, le protégé d'Octavie, rédigera une paraphrase pour les dames, et des notules explicatives à la portée des princesses. En voilà dix, j'en connais mille ; tous ces gens-là vont défiler devant l'empereur, en criant à tue-tête, comme les chevaliers à la parade ; lui cependant aura une attitude pleine de modestie et de majesté ; son geste dira : assez ! son sourire dira : encore ! et la cohue s'égosillera de plus belle. Comme il a eu, pour applaudir ses actes, la populace des sept collines ; il aura, pour louer son livre, la populace des auteurs, les applaudissements sont sûrs, mais ils ne peuvent venir que d'un côté ; c'est même là une conséquence assez grotesque de sa situation littéraire unique.

L'infortuné ne l'a peut-être pas prévue, mais je m'en moque ; il réussira par ordre, c'est dur, mais je n'y peux rien. La toute-puissance a des inconvénients pour un auteur ; tout n'est pas roses dans le métier d'écrivain couronné. La place n'est pas tenable, et Virgile y aurait perdu son latin. Mais il faut subir la loi qu'on s'est faite, et quand la honte est versée, il faut la boire. Attention donc, mon cher Gallion ; la fête va s'ouvrir, elle sera bruyante et nombreuse ; déjà les musiciens sont à leurs places, accordent leurs instruments et préludent au concert ; regarde donc et écoute, si c'est ton goût ; j'avoue que le spectacle ne laissera pas d'être assez réjouissant pour ceux qui peuvent rire encore.

Je sais que l'ouvrage comprendra la dernière guerre civile, et même la dernière année de Jules César. En bonne foi, mon cher Gallion, peux-tu prendre cela au sérieux ? Auguste publiant un livre sur la révolution qu'il a faite ! Que dire, selon toi, d'un criminel qui publie l'apologie de son crime ? A mon sens, il commet un second attentat plus difficile, il est vrai, que le premier (car il est plus facile de commettre un crime que de le justifier) ; mais ce second attentat, s'il est plus difficile, est aussi plus coupable et plus funeste, car les victimes sont plus nombreuses, les conséquences plus durables. Le premier s'attaque à la vie des hommes, l'autre à leur conscience ; l'un tue le corps, l'autre l'esprit ; l'un opprime le présent, l'autre l'avenir. C'est le coup d'État dans la morale, la création du désordre, l'injustice systématisée, l'organisation du mal, la promulgation du non-droit, la proscription de la vérité, la défaite définitive de la raison publique, la déroute générale des idées, une bataille d'Actium intellectuelle. C'est le vrai couronnement d'un édifice de scélératesse et d'infamie, c'est aussi le seul possible. Le livre d'Auguste, c'est sa vie érigée en exemple, c'est son ambition innocentée, c'est sa volonté formulée en loi, c'est le code des malfaiteurs, la bible des coquins ; et c'est un pareil livre que vous voulez critiquer publiquement, sous le régime de son bon plaisir ! Vous voulez faire à Auguste une opposition littéraire ? Allons donc ! de la critique contre Octave ! quelle dérision ! il n'a pas fait de critique contre Cicéron ; il l'a tué ! Quoi ! le misérable qui vous assassine, vous fait un sermon sur l'assassinat, et, avant de vous achever, il vous demande votre avis sur sa petite composition, mais votre avis, là, bien sincère, sur le fond et sur la forme, votre avis politique et littéraire ; car il est artiste et bon enfant, et il veut savoir votre opinion sur son œuvre ; et vous, bonnement, vous iriez la lui dire, et, le couteau sur la gorge, vous allez gentiment confabuler avec le bourreau ! Gallion, mon ami, vous n'y pensez pas !

Que diriez-vous de Verrès faisant un livre sur la propriété ? Est-ce que vous discuteriez avec lui ? Les *Mémoires* d'Octave sont-ils donc autre chose ? N'est-ce pas la théorie de l'usurpation, écrite par un usurpateur ? C'est une école de conspiration, ouverte par un conspirateur impuni.

L'auteur n'y peut dire, après tout, que ce qu'il sait ; il sait piller une ville, égorger un sénat, forcer un trésor dans un temple et voler Jupiter ; il sait faire de fausses clefs, de faux serments et de faux testaments ; il sait mentir au Forum et à la Curie, corrompre les électeurs, ou s'en passer ; tuer ses collègues blessés, comme à Modène, proscrire en masse, et autres jeux de princes ; il sait, suivant la méthode du premier César, comment on emprunte aux uns pour prêter aux autres, et se faire des amis des deux côtés ; il sait, d'un vigoureux élan, franchir toutes les barrières et tous les Rubicons, puis, d'un bond suprême, s'enlevant au-dessus des lois divines et humaines, faire le saut périlleux, cabrioler et tomber roi. Il sait tout cela, mais il ne sait pas un mot d'histoire, ni de politique, ni de morale, si ce n'est de la grande, c'est-à-dire de la morale des grands qui s'enseignait dans sa famille. On ne trouve donc rien dans son livre de ce qu'on a besoin de savoir, et on y trouve, à profusion, ce qu'il est dangereux d'apprendre. Il aime les vieux mots, les vieilles monnaies et les vieux casques, mais il n'aime pas les vieilles mœurs. Allez-vous discuter avec lui quelque point de grammaire, d'archéologie ou de numismatique ? Sot, qui lui ferait cet honneur. Vous voyez bien que ce serait là tomber dans son piège et jouer son jeu. Les gens de sa sorte se sentent, quoi qu'ils fassent, au ban de la société ; ils en sont sortis violemment par un crime, ils veulent y rentrer doucement par la ruse. Ils n'ont plus qu'une ambition, se faufiler parmi les honnêtes gens. Pour cela, ils prennent tous les déguisements ; ils vont cherchant partout leur pauvre honneur perdu ; on les voit, mendiants couronnés, quêter l'estime à toutes les portes ; c'est la seule aumône qu'on ne puisse pas leur faire. Auguste en est là ; ce buveur de sang n'a plus qu'une soif, celle des louanges ; ce voleur de l'empire du monde ne veut plus voler qu'une chose : sa réhabilitation. Mais il tente l'impossible. L'effort impuissant et désespéré qu'il fait pour sauver quelques débris de sa réputation naufragée, cet effort suprême pour raccrocher son honneur à une dernière branche qui va casser, cette dernière lutte de César avec l'opinion qui l'écrase, a je ne sais quoi de lugubre et de comique, comme la dernière grimace d'un pendu, ou comme le sourire du gladiateur, qui veut mourir avec grâce. Le livre de César, c'est la toilette du condamné, c'est le salut du supplicié à la foule, en marchant au supplice. C'est la coquetterie du dernier jour. César était si sale, que le bourreau n'en eût pas voulu ; il se débarbouille un peu, pour embrasser la mort. Et il demande des lecteurs ! l'insolent ! des lecteurs pour César ! à quoi bon ! Il ose, dans une préface, adresser des questions aux lecteurs ; mais c'est le licteur qui répondra. — En attendant cette réponse, je vais lire les *Mémoires* d'Auguste. — Et moi, répondit Labienus, je vais relire les *Libelles* de Cassius.

FIN.

Paris — Imprimerie A. Laine et J. Havard, rue des Saints-Pères, 19.

www.ingramcontent.com/pod-product-compliance
Lightning Source LLC
Chambersburg PA
CBHW060631050426
42451CB00012B/2531